Thomas Romanus

# Ich wünsche Dir viel Glück

Fotografien Ulrike Schneiders

Herder Freiburg · Basel · Wien

# Die kleinen Freuden

Wir kennen viele Gründe, um einander Glück zu wünschen.
Oft sind es besondere Anlässe, zu denen wir uns gratulieren. Häufig wird aus diesem Wunsch aber auch eine alltägliche Floskel ohne eigene Bedeutung.
Wie immer wir es ausdrücken: Wir können das, was wir als Glück empfinden, nicht beeinflussen, solange wir uns starr an bestimmte Vorstellungen klammern.
Darum wünsche ich Dir nicht das große Glück, auf das so viele vergeblich warten. Sondern ich wünsche Dir einen aufmerksamen Blick und wache Sinne, damit Du auch die kleinen Freuden wahrnimmst.
Es gibt viele außergewöhnliche Momente für den, der das Glück nicht nur für einen Zufall hält, sondern offen wird für lichte Augenblicke, die uns dem Geheimnis des Lebens ein wenig näher bringen.
Solche Geistesblitze der Seele wünsch ich Dir. Denn das Glück ist nicht nur eine Glückssache.

Ich wünsche Dir nicht, daß alle Deine Wünsche in Erfüllung gehen, sondern daß Du verstehst, daß man nicht immer glücklich sein kann.
Wenn Du auch Enttäuschungen akzeptierst und die Welt nicht durch eine rosarote Brille betrachtest,

## Was uns berührt

nimmst Du die erstaunliche Vielfalt des Daseins neu wahr. Allerhand zu entdecken gibt es für achtsame Augen und Ohren, die sich der Wirklichkeit zuwenden und öffnen, das Leben so annehmen wie es ist – mit all seinen bunten Zwischentönen.
Was wir als Glück empfinden, läßt sich nicht verallgemeinern. Jeden spricht etwas anderes an in seinem tiefsten Innern. Was uns berührt, ist zwar persönlich, aber nicht immer privat. Echte Lebensfreude kommt auf, wenn wir unser Glück nicht verbergen, sondern es auf unsere je eigene Art zeigen und anderen mitteilen.

Das Glück ist immer ein Geschenk.

Du kannst keinen Anspruch darauf erheben, täglich glücklich zu sein. Du kannst es nicht als ein Recht einklagen, aber als eine Möglichkeit begreifen, die Dir immer wieder neu angeboten wird. Wenn Du schon für die scheinbar einfachsten Gegebenheiten des Alltags dankbar bist, erfährst Du etwas vom Wesen dessen, was man Glück nennt.

Nichts ist selbstverständlich. Alles was wir an Anerkennung und Geborgenheit erfahren, ist ein Grund zum Danken. Jede Begegnung und zwischenmenschliche Beziehung lebt von der Bereitschaft, sie ganz bewußt zu erleben.

**Das Glück ist immer ein Geschenk**

Wer dankbar ist, konsumiert nicht Ereignisse, sondern gestaltet sie selbst bewußt mit. Unser Leben ist eine vielfältige Verflechtung von Geben und Nehmen, an der jeder seinen Anteil hat.

Ich wünsche Dir die Gabe, danken zu können, damit Du selbst für andere zu einem Geschenk werden kannst.

Ich wünsche Dir, daß Du Dich Deines Lebens freuen kannst, ohne dabei auf sogenannte Glücksbringer angewiesen zu sein.
Was wirklich froh macht, läßt sich nicht kaufen oder erzwingen. Kein Aufputschmittel kann Dir die eigene Verantwortung für Dich und Dein Glück abnehmen. Kein Besitz vermag Dich innerlich zu bereichern.

# Das Geheimnis des Glücks

Das Geheimnis des Glücks liegt nicht in dem, was wir haben, sondern darin, wer wir sind und wie wir etwas von uns zu verschenken verstehen. Die besten Voraussetzungen zu einem gelungenen Leben liegen in Dir selbst. Es ist eine Frage des Herzens, ob uns und anderen das Dasein glückt.
Ich wünsche Dir, daß Du Dich aus Dir selbst heraus zu freuen verstehst und etwas erfährst von dem, was Dich wirklich zu erfüllen vermag, Dich an das Leben glauben läßt.

# Glück wird möglich

Glück wird möglich, wenn man nicht auf Wunder wartet, aber mit Überraschungen rechnet. Weil nicht alles so kommt, wie wir es gern hätten, ist es gut, mit Leib und Seele beweglich zu bleiben.
Ich wünsche Dir darum die Gabe, günstige Gelegenheiten zu erkennen. Lasse Deine Chancen nicht vorübergehen und ungenutzt verstreichen. Lebe den Augenblick und versuche, mit Verstand und Phantasie Deine Zeit zu gestalten, sie immer wieder neu in Leben zu verwandeln. Verlaß Dich nicht auf den Zufall, aber sei für alles offen. Denn das ist echte Lebenskunst: Wer aus wenig etwas zu machen versteht, dem wird vieles unverhofft glücken.

# Kopf und Herz

Ich wünsche Dir, daß Du Dich nie von den Wünschen und Anforderungen Deiner Mitmenschen vereinnahmen läßt.
Bringe den Mut auf, immer wieder neu Du selbst zu werden. Du verfügst über einmalige Begabungen, Fähigkeiten, die Dir zeigen, wofür Du berufen bist. Was Deine Dir eigenen Aufgaben sind, die Dich fordern und fördern. Wenn Du erkennst, was Du kannst und gern machst, wird Dein Dasein mit einem tiefen Sinn erfüllt. Du findest zu Dir selbst, ohne egoistisch zu werden.
Ich wünsch Dir eine Harmonie zwischen Kopf und Herz, die Dich etwas erfahren läßt von den Möglichkeiten des Lebens. Denn was Du Dir vornimmst und was Du verwirklichst, soll Dir mit Verstand und Gefühl glücken.

# Deine innere Stimme

Ich wünsche Dir, daß Du Deinen Weg findest.
Gehe ihn entschlossen mit Deinem Ziel vor Augen, das Dir immer wieder Kraft schenkt, einen Anfang zu wagen und etwas Neues zu riskieren. Oft führt ein unscheinbarer Beginn weiter als ein vorübergehender Anfangserfolg. Trau Dir selbst etwas zu. Höre auf Deine innere Stimme, die Dir sagt, was wirklich wichtig ist für Dich. Hab einfach den Mut, Deine alten Gewohnheiten im Denken und Handeln zu verlassen und probiere etwas aus, von dem Du spürst, daß es Dich weiterbringt.
Wer über seinen Schatten springt, kommt dem Licht näher. Das Geheimnis des Glücks liegt oft im ersten Schritt, zu dem wir uns selbst oder einen geliebten Menschen motivieren müssen.

## Freude, die in Dir lebt

Das Glück der Begegnungen wünsche ich Dir.
Sie lassen Dich erfahren, daß jeder von uns zugleich ein Ich und ein Du ist.
Wir leben vom gegenseitigen Austausch in den unterschiedlichsten Kontakten zueinander. Schon wenige gute Worte vermögen, uns neu aufleben zu lassen. Bitten und Dank können viel mehr sein als nur alltägliche Höflichkeiten.
Schon kleine Aufmerksamkeiten zeigen oft mehr Wirkung, als wir zunächst ahnen und ihnen zutrauen.
Ich wünsche Dir Situationen, in denen Du Dich mit jemandem auch ohne Worte verstehst: Wo schon der Blickkontakt Dich beglückt, ein erwidertes Lächeln Dich innerlich bewegt.
Wenn Du diese Freude, die in Dir lebt, auch nach außen hin zeigst und mit anderen teilst, kannst auch Du überraschende Begegnungen ermöglichen.
Dann kannst Du Mensch werden.

# Beglückende Erfahrungen

Ich wünsch Dir die seltene Gabe, echte menschliche Beziehungen eingehen zu können. Gestalte sie so, daß sie beide Seiten erfüllen – mit einem sich wandelnden Glück und einem bleibenden Sinn.
Es ist nicht einfach, ein guter Freund zu werden und zu bleiben. Aber es gehört zu den beglückendsten menschlichen Erfahrungen, jemanden zu haben, zu dem man immer kommen darf, so wie man ist. Mit dem man durch gemeinsame Erlebnisse eng verbunden ist.
Ich wünsch Dir die Gabe, treu und zuverlässig in Wort und Tat zu sein und hoffe, daß Dein Vertrauen in andere Menschen nicht mißbraucht wird. Was uns zusammenhält, ist das, was wir miteinander zu teilen bereit sind. Oft ist eine Freundschaft wie ein gemeinsamer Zwischenraum, den man von beiden Seiten betreten kann und der erfüllt ist von Weite und Nähe zugleich.
Ich wünsche Dir, daß Du andere Menschen loslassen kannst, ohne sie fallenzulassen. Und daß auch Du jemanden findest, der Dich mit allen Eigenschaften annimmt.

# Geborgen im Du

Ich wünsch Dir den Glücksfall einer aufrichtigen Liebe, deren verwandelnde Kraft Du an Leib und Seele erfährst, deren Zärtlichkeit Dich ermutigt und tröstet.
Ich wünsche Dir, daß Du mit all Deinen Stärken und Schwächen von einem geliebten Menschen als ganze Person angenommen wirst. Bei der Du Dich verstanden und ernst genommen fühlst und um Deiner selbst willen geliebt wirst. Dazu gehört auch die Fähigkeit, sich gegenseitig bedingungslos verzeihen zu können, um sich geborgen zu wissen im Du.
Ich wünsche Dir das Glück, Dich ganz an einen Menschen hingeben zu können, ohne Dich selbst aufzugeben. Dich zu verschenken, ohne Dich zu verlieren.
Wer keine überzogenen Anforderungen stellt und von anderen nicht mehr verlangt als von sich selbst, der kann auch einen Menschen finden, von dem er sich angenommen weiß.
Den er selbst in seiner Seele schon lange gesucht hat.

Zu den beglückendsten Geschenken, die wir einander bereiten können, gehört es, Zeit füreinander zu haben. Wer zuhören kann, beginnt viel vom Leben und seiner Vielfalt zu verstehen. Er hört neue Zwischentöne und lernt nicht nur das Gegenüber auf diese Weise neu kennen, sondern auch sich selbst.

# Zeit füreinander haben

Wir können einander nicht immer begreifen. Aber wir können uns gegenseitig akzeptieren und die Chance geben, uns zu verändern. Oft genügt schon ein kleiner Ratschlag, das Darlegen der eigenen Sichtweise oder eine unaufdringliche Hilfestellung.

Das, was wir im Kleinen und Verborgenen bewirken, geht nicht verloren. Oft wird es erst nach langer Zeit sichtbar und spürbar in der Erfahrung, einem anderen Menschen wirklich weitergeholfen zu haben, ohne dafür einen Lohn oder eine Gegenleistung zu erwarten. Die Stimme des Guten spricht leise.

Ich wünsche Dir, daß auch Du immer jemanden findest, der Zeit für Dich hat und dem Du Dich anvertrauen kannst.

# Die Weisheit des Glücks

Ich wünsch Dir die Weisheit des Glücks: die Dich Deine Erfahrungen verarbeiten läßt, jedem Erlebnis das ihm entsprechende Gewicht verleiht und Dich zu neuen Erkenntnissen in die geheimnisvollen Zusammenhänge des Daseins gelangen läßt.
Ich wünsche Dir, daß Du trotz aller Enttäuschungen und schlechten Erinnerungen den Glauben an das Gute in Dir und anderen nicht verlierst, sondern Dir eine berechtigte Hoffnung bewahrst. Einen Halt sollst Du finden in einer Aufgabe oder in vertrauten Menschen.
Dann hast Du auch in schwierigen Situationen einen Grund zur Zuversicht, die kein naiver Trost ist, sondern Dich wirklich trägt.

# Verwandle Deine Tage in Leben

Wer lebendig ist, verändert sich.
Alles Leben ist ein beständiger Wandel, niemand bleibt immer so, wie er ist. Nur dadurch, daß wir uns entwickeln, können wir uns selbst treu bleiben. Erst wer innerlich nicht zu wachsen aufhört, kann werden, wer er wirklich ist, und sein, was er möchte.
Ich wünsche Dir, daß Du Dich selbst anzunehmen verstehst, damit Du das Beste aus Dir machen kannst. Damit Du nicht nur älter wirst, sondern Deine Tage sich in Leben verwandeln.
Ich wünsche Dir den richtigen Abstand von Dir selbst und die passende Nähe zu anderen, die Dir viel bedeuten. Menschen sollen Dir begegnen, die Dir ein Vorbild sein können und Dir Anregungen vermitteln, Deinen Dir eigenen und einmaligen Weg zu finden.
Ich wünsche Dir, daß auch Du zu einem guten Beispiel werden kannst, an dem sich Deine Mitmenschen orientieren können.

Ich wünsche Dir, daß Du auch die Kehrseiten des Glücks erfährst und ihre Botschaft verstehst. Niemand von uns kann ohne Angst und Sorgen leben, und keinem bleiben Enttäuschungen erspart. Doch wer diese Einschränkungen akzeptiert und seine eigenen Grenzen bereit ist anzuerkennen, ahnt etwas vom Wesen des Daseins. Oft müssen wir erst mit leeren

## Mit leeren Händen

Händen dastehen, um uns beschenken zu lassen. Oft muß man sich erst am Ende glauben, um einen neuen Anfang zu finden. Manchmal stellt uns das Leben in den Schatten, damit wir eine neue Beziehung zum Licht aufbauen.
Ich wünsche Dir daher, daß Du vor Schwierigkeiten nicht davonlaufen willst. Nehme sie an als eine Herausforderung, und gestalte sie gemäß Deinen Kräften, damit Dir das Leben trotz aller Hindernisse glückt.

# Der Reiz des Glücks

Ich wünsche Dir Geduld mit Dir selbst und anderen. Warten ist keine verlorene Zeit, sondern gewonnenes Leben. Häufig gelingt uns erst dann etwas, wenn wir kaum damit rechnen. Das meiste geschieht nicht von heute auf morgen, sondern braucht seine Zeit. Wer sich und seinen Unternehmungen genügend Spielraum schenkt, der ist auch bereit, anderen eine Chance zur Entwicklung zu geben. Denn zu den größten Gefährdungen des Glücks gehört die Ungeduld.

Ich wünsch Dir aber auch die Gabe, das Glück, welches sich Dir schenkt, loslassen zu können. Was Du nicht festhältst, kannst Du erst besitzen. Dir wird erst zu eigen, was Du schenkst und auch anderen zuteil werden läßt.

Der Reiz des Glücks liegt in seiner Vergänglichkeit. Sie macht jeden Moment zu einem kostbaren Geschenk, das in seiner Art einmalig und unwiederholbar ist.

Ich wünsche Dir, daß Du das Glück loslassen kannst, um frei zu werden für das, was bleibt.

Nutz dine Zit
Mahn fule lit
Maid gar noan Strit
Duld trug lug it.
H.M.A.M.B.
8 · 9 · 10 · 11 · 12 · 1 · 2

# Glück, das bleibt

Ich wünsch Dir das bleibende Glück, die Natur immer wieder neu zu erleben und Dich als Teil des Ganzen zu wissen.
Bewahre Dir einen lebendigen Kontakt zu allem was atmet und wächst. So erfährst Du Dich einbezogen in den großen Zusammenhang des Daseins.
Ich wünsche Dir, daß Dir jede Blume am Weg und jeder Baum in der Landschaft zu einem Zeichen werden kann, das Dich mit der geheimnisvollen Sprache des Lebens vertrauter werden läßt. Mit einem wachsamen Blick lassen sich viele Sinnbilder erkennen, die über sich hinausweisen auf etwas Unfaßbares.
Ich wünsche Dir, daß Du Dich im Rhythmus von Tag und Nacht zu Hause fühlst und geborgen weißt im Lauf der Jahreszeiten, von denen wir selbst ein Teil sind.
Wer aufmerksam durch die Natur geht, kann in seinem Innersten nicht unglücklich werden.

Einen Blick für Schönheit wünsch ich Dir, der nicht an Äußerlichkeiten haften bleibt:
Erkenne den engen Zusammenhang von Schönheit und Wahrheit.
Versuche, ihn nicht nur mit den Augen, sondern mit dem ganzen Wesen nachzuvollziehen.
Ich wünsche Dir die Erfahrung, daß Kunst in all ihrer Vielfalt etwas in Dir anspricht, das über oberflächliche Unterhaltungsbedürfnisse hinausgeht. Mit offenen Sinnen kannst Du empfinden, daß es Dinge gibt, die in ihren Formen ausdrücken und widerspiegeln, was uns in unserem Menschsein berührt.
Ich wünsch Dir auch die Fähigkeit, selbst kreativ zu werden. Gebrauche Deine ganze Phantasie, wenn Du Dich für etwas einsetzt, was Du für wichtig hältst.

**Nicht an Äußerlichkeiten haften**

Ich wünsch Dir ein Verständnis für all das, was im Leben scheinbar nichts einbringt. Was sich nicht messen läßt in Geld, Erfolg oder Ansehen.
Wer das Spielen nicht verlernt, kann das Leben neu gewinnen. Denn der Sinn des Daseins liegt nicht nur in Arbeit und Leistung, sondern auch in der Freude am

## Staunen Können

Unverzweckten, im Verständnis für Poesie und im Glauben an die Kraft der menschlichen Phantasie.
Ich wünsche Dir, daß Du staunen kannst über all die Dinge und Begebenheiten, die Dich überraschen und die nicht selbstverständlich sind.
Wer sich zu wundern vermag, hat den Glauben an das Gute nicht aufgegeben. Der ist offen für die Wunder des Alltags. Sie sind kein überirdischer Zauber, sondern ein Lichtblick, der die jeweilige Situation ausleuchtet und tief in uns hinein strahlt.
Ob Du Glücksmomente erkennst und erlebst, hängt davon ab, ob Du auch ein Gespür für das Unsichtbare hast, das Dich umgibt.

# Leben im Jetzt

Ich wünsche Dir, daß Du immer mit Leib und Seele in der Gegenwart lebst. Verstehe, den jeweiligen Augenblick zu gestalten, aber lebe nie nur für den Moment, sondern blicke über die Stunde und den Tag hinaus.

Ich wünsche Dir die Gabe, Einladungen zu erkennen und sie annehmen zu können, Gelegenheiten zu feiern, wie sie sich ergeben.

Aber ich wünsch Dir auch die Einsicht, daß nicht jeder Tag ein Fest sein kann. Auch der sogenannte Alltag bietet viele Möglichkeiten, Dir und anderen eine Freude zu machen.

Nichts im Leben wiederholt sich. Alles ist einmalig und darum kostbar durch seine Vergänglichkeit.

Eine Situation kann nur so gut sein wie das, was wir aus ihr enstehen lassen. Das ist die Chance täglicher Begegnungen und Aufgaben, mit denen wir konfrontiert werden.

Ich wünsche Dir die Gabe, deutliche Unterschiede machen zu können zwischen Werktag und Feiertag. Dir werden Besonderheiten auffallen, und Du hast immer etwas, worauf Du Dich freuen kannst.

# Das Glück der Stille

Manchmal brauchst Du mehr als nur eine Pause. Dann ist es gut, wenn Du Dich für eine Weile zurückziehen kannst von allem, was Dich fordert. In einer Zeit der Ruhe und Besinnung kannst Du neuen Atem holen und Kraft schöpfen.
Ich wünsche Dir das Glück der Stille, die Dich erfüllt an Leib und Seele. Sie vermittelt Dir Einsichten, die uns das Leben verschweigt. Aus der tiefen Verbundenheit mit dem, was bleibt und wichtig ist, klingt etwas in Dir an, das sich nicht in Worte fassen läßt. Gerade darum bewegt und prägt es Dich.
Ich wünsche Dir, daß Du reich wirst an stillen Erfahrungen. Verstehe, aus ihnen zu leben und mache sie auch anderen zugänglich.
Denn das Glück besteht auch in einer Übereinstimmung mit sich und der Umgebung.

Ich wünsche Dir, daß Du etwas vom Geheimnis des Glücks erfährst.
Es ist nicht zu berechnen, aber wir können es ermöglichen und einladen. Wir können keinen Anspruch darauf erheben und es von anderen erwarten. Aber wir können es selbst zu verschenken und zu gestalten beginnen.

## Sehnsucht nach dem Guten

Ich wünsche Dir, daß Du die Sehnsucht nach dem Guten nie verlierst.
Bleibe unterwegs zu Dir und anderen Menschen.
Das Glück ist kein Ziel, sondern eine Randerscheinung, die entdeckt werden will. Nicht ein Wegweiser, sondern ein Schritt, der erst gegangen werden muß, damit er weiter führen kann.
Glücksmomente sollst Du erleben, die Dich mit Leib und Seele spüren lassen, daß Du auf dem richtigen Weg bist: auf Deinem eigenen. Es gibt keinen Weg zum Glück, nur das Glück am Wege.
In diesem Sinne wünsch ich Dir, daß Dir Dein Leben glückt, auch wenn Du nicht immer nur glücklich sein kannst.
Wer sich seines Lebens freut, der kann auch andere beglücken.

Von Thomas Romanus sind in gleicher Ausstattung erschienen:

*Ich wünsche Dir viel Erfolg.* ISBN 3-451-26701-2

*Ich wünsche Dir vor allem Gesundheit.* ISBN 3-451-26702-0

*Ich wünsche Dir Zeit für Dich.* ISBN 3-451-26703-9

*Ich wünsche Dir eine Blume für jeden Tag.* ISBN 3-451-26938-4

*Ich wünsche Dir Kraft für Deinen Weg.* ISBN 3-451-26939-2

*Ich wünsche Dir viel Sonnenschein.* ISBN 3-451-27151-6

*Ich wünsche Dir ein Lächeln für jeden Tag.* ISBN 3-451-27152-4

4. Auflage


Satz: Layoutsatz Kendlinger
Reproduktionen: Rete Repro GmbH, Freiburg
Herstellung: Milanostampa S.p.A. – New Interlitho, Mailand 2000
ISBN 3-451-26700-4